# ESTRATÉGIAS DE FOREX TESTADAS

*Aprenda as Estratégias Comprovadas de Trade de Forex*

**WAYNE WALKER**

© Direitos Autorais 2017 por Wayne Walker, Todos os direitos reservados.

Este livro foi escrito com o objetivo de fornecer informações tão precisas e confiáveis quanto possível. Os profissionais devem ser consultados conforme necessário antes de empreender qualquer uma das ações aqui endossadas.

Esta declaração é considerada justa e válida tanto pela Ordem dos Advogados Americana quanto pela Associação do Comitê de Editores e é legalmente obrigatória em todos os Estados Unidos.

Além disso, a transmissão, duplicação ou reprodução de qualquer um dos seguintes trabalhos, incluindo informações precisas, será considerada um ato ilegal, independentemente de ser feito eletronicamente ou em papel. A legalidade se estende à criação de uma cópia secundária ou terciária da obra ou uma cópia registrada e só é permitida com o consentimento expresso por escrito da Editora. Todos os direitos adicionais são reservados.

As informações nas páginas seguintes são amplamente consideradas como um relato verdadeiro e preciso dos fatos e, como tal, qualquer desatenção, uso ou mau uso das informações em questão pelo leitor tornará qualquer ação resultante unicamente sob sua responsabilidade. Não há cenários em que o editor ou o autor original desta obra possa ser de alguma forma considerado responsável por qualquer dificuldade ou dano que possa lhes ocorrer após empreender as informações aqui descritas.

# ÍNDICE

INTRODUÇÃO .................................................................................................... 5

O QUE É FOREX? ............................................................................................... 7

INVESTIMENTO DE CAPITAL ........................................................................ 21

ORDENS DE 3 VIAS ......................................................................................... 27

JUNTANDO TUDO ........................................................................................... 32

TÁTICAS DE TRADE ....................................................................................... 38

SELECIONANDO UM PARCEIRO DE TRADE ............................................. 48

TECH ANALYSIS TRADE GUIDE ................................................................... 54

Diploma de Trade GCMS ................................................................................ 61

PERFIL DO AUTOR ......................................................................................... 63

## Aviso Legal

Os conselhos e estratégias contidos neste livro são baseados em minha experiência de negociação e opiniões pessoais, e podem não ser apropriados para sua situação de negociação.

# INTRODUÇÃO

Ao invés de gastar milhares de dólares, ou ler livros de 300 páginas, você pode aprender o essencial realista do trade em muito menos tempo. Isto não é "diluído" com atalhos. O guia contém as técnicas que os traders profissionais e bem-sucedidos utilizam. Estes conceitos foram testados e apoiados por testemunhos de clientes de meus seminários.

Minha firma concede um diploma de negociação baseado nestas técnicas que foi adotado por diversas universidades.

# O QUE É FOREX?

Neste capítulo vamos examinar o mercado de câmbio, os participantes, o que faz com que o mercado se mova, e por que você deve querer negociá-lo.

Então, o que é Forex (Câmbio Internacional) ou FX, como muitas pessoas o chamam? É o mercado mais líquido do mundo. O faturamento médio diário é superior a 4 trilhões de dólares americanos. Este é um número enorme, mas para colocá-lo em perspectiva, um dia de FX é aproximadamente 2 a 3 meses de volume de negociação na Bolsa de Valores de Nova Iorque. Isto é poderoso, significa muita liquidez e que muita gente está envolvida nisso.

É negociado no balcão, ou seja, no balcão sem bolsa central, em contraste com os mercados de ações ou mercadorias onde existem bolsas centrais que compradores e vendedores encontram. Com FX, é apenas você e sua corretora/ negociadora.

Está aberto para negociação 24/5, de Sydney 5 da manhã às segundas-feiras às 17 horas de Nova Iorque às sextas-feiras. Tempo de sobra, permitindo negociações 24 horas por dia.

**Centros e Participantes**

Quem são as pessoas que estão envolvidas neste fenômeno FX?

Primeiro vamos dar uma olhada nos centros de FX. Os principais centros de FX são o Reino Unido, os EUA e o Japão. Eles são os responsáveis pela maior parte das negociações. A Austrália, Cingapura e Suíça também são importantes agentes no mercado, mas os principais agentes continuam sendo os EUA, o Reino Unido e o Japão.

**Bancos e Instituições Financeiras**

São principalmente os principais bancos e instituições financeiras, que respondem por cerca de 50% das transações. Eles negociam eletronicamente entre si.

Os bancos centrais também estão envolvidos e seu papel é intervir em uma tentativa de influenciar o valor de suas moedas.

Vamos dar uma olhada mais atenta a isto. Talvez os bancos centrais mais famosos, o Conselho da Reserva Federal, eles e também o Banco do Japão, sejam às vezes conhecidos por serem participantes ativos no mercado, numa tentativa de influenciar a força ou a fraqueza de suas moedas. Um negociador de câmbio deve estar ciente dos papéis que eles exercem.

**Participantes Adicionais**

Existem agora fundos de hedge, anos atrás se você mencionasse os fundos de hedge de FX a maioria das pessoas não saberia do que você estava falando, porque eles não existiam. Há fundos que negociam uma moeda em particular ou moedas regionais, e para aqueles que têm um interesse, eles estão disponíveis.

Outros participantes são as corretoras, tanto de voz como eletrônicas, elas servem como intermediárias entre bancos e intermediários. Os bancos e intermediários recorrem a eles para obter assistência na busca dos melhores negócios, mas os dias das corretoras de voz estão contados, pois a maior parte da atividade hoje em dia é eletrônica. Há muitas empresas hoje em dia que têm balcões livres de intermediários.

As empresas também estão envolvidas, especialmente as multinacionais que têm risco cambial que precisa ser coberto e também para sua própria especulação. Várias corporações internacionais têm suas próprias mesas de negociação que utilizam para propulsão ou negociação própria.

Um exemplo de hedging poderia ser, uma empresa americana compra mercadorias do Japão e elas recebem uma fatura que será paga em ienes. Para se proteger contra uma perda potencial, onde o valor devido pode aumentar em USD devido a flutuações da moeda, eles abrem uma posição no mercado.

Uma nota sobre hedging, o que estamos discutindo é a eliminação do risco de deter um determinado ativo. O foco principal não é necessariamente a obtenção de lucro. Por exemplo, no mercado de futuros podemos ter um produtor de trigo e ele é o que dizemos, um trigo longo. Ele tem medo de uma queda de preço, então ele vende contratos futuros de trigo para ser coberto no caso de uma queda. Se os preços caíssem, ele compensaria a perda do lado negativo. Ele não tem lucro, mas elimina o risco de segurar o trigo.

**Fins Particulares**

Para a maioria de nós, as viagens internacionais são uma atividade comum, portanto, a maioria das pessoas quando viaja precisará da moeda de seu destino.

Nossas compras no exterior também são um fator. Se você estiver sentado em Nova Iorque e estiver procurando comprar um par de sapatos em Londres pela internet, normalmente eles não aceitarão USD, então você precisará converter para libras esterlinas.

Há também especulação, e este tem sido um dos principais motores na transformação do câmbio em um mercado muito badalado nos últimos anos, onde as pessoas estão comprando e vendendo apenas para fins especulativos.

**O Que Move o FX?**

O que está acontecendo no mercado? Por que ele se move? Várias coisas, poderiam ser rumores, poderia ser de intervenção governamental, por exemplo, se o Banco do Japão entrar no mercado numa tentativa de levantar o iene para evitar um deslize, alguns comerciantes poderiam tomar como deixa para começar a ser longo (comprar) ienes e curto (vender) os outros cruzamentos contra ele.

**Dados**

A folha de pagamento não agrícola é um dos principais relatórios. Também sempre que há uma decisão de taxa do Fed, Banco da Inglaterra, BCE, ou Banco do Japão etc., estes são conhecidos agentes de mercado.

Guerras, atos terroristas, sejam eles eventos no Oriente Médio ou outros pontos sensíveis no mundo, podem e afetam o mercado e, em alguns casos, de forma bastante drástica.

Os bancos centrais, como abordamos com sua intervenção, às vezes fazem o que dizemos "falar mal" de uma moeda. Por exemplo, os governadores de bancos sem entrar no mercado com intervenção direta podem influenciá-lo. Pode ser algo em que um governador de banco central passe um comentário em uma coletiva de imprensa dizendo "Acho que a moeda está sendo supervalorizada e talvez precisemos fazer algo a respeito" ou em alguns casos eles podem dizer "a força da moeda é uma preocupação para nós e está afetando nossa competitividade". Dependendo de quem está dizendo, os resultados podem ser dramáticos e, em alguns casos, é devido a um total mal-entendido do que a pessoa estava tentando dizer.

**Outros Eventos**

Os eventos políticos e as eleições também podem exercer grande influência. Alguém que tem uma visão aguerrida de sua moeda, ser eleito para o cargo pode ser um sinal de que a moeda irá se valorizar.

Os níveis técnicos também são importantes com algumas moedas, especialmente com os números redondos nos quais os comerciantes gostam de se concentrar. Um exemplo poderia ser um par de moedas que está sendo negociado a 1,3995 e nunca esteve acima de 1,4000, então começa a se aproximar ainda mais de 1,4000. Este nível 1,4000 pode ser visto como psicológico que será observado de perto, e se for quebrado você poderá ver o que é chamado de quebra para o lado positivo.

Usando nosso exemplo, se o par de moedas é negociado a 1,3995 e vai acima de 1,4000, você pode ver que ele dispara até 1,4095 e depois cai de volta para 1,3995. Então diríamos que foi uma falsa quebra, mas há a chance de que possa ser real e permanecer no nível 1,4095.

## Por que você quer negociar FX?

Você pode estar se perguntando, tudo isso são informações excelentes, mas por que eu deveria querer negociar FX? Há muitos motivos.

## Liquidez

O primeiro é a liquidez, é inigualável, não há nada sequer perto, como mencionamos no início, apenas um dia de câmbio é de dois a três meses de volume na Bolsa de Nova Iorque. Isso é poderoso.

## Comércio 24 Horas

Você tem a possibilidade de negociação 24 horas, você pode negociar de noite ou de dia. Nada mais oferece este tipo de flexibilidade, e para a maioria dos comerciantes que são proprietários de empresas ou têm empregos em tempo integral, em alguns casos até mesmo estudantes universitários, isto é ótimo.

## Opção Longa ou Curta

FX dá a opção longa ou curta, isto é muito importante. Tradicionalmente, a maioria das pessoas está acostumada a ser longa, comprando uma determinada ação e esperando que a ação aumente de valor. FX lhe dá a opção de ser curto, é uma maneira diferente de ver o mercado, mas pode ser lucrativo. Para os negociadores experientes, é uma ferramenta a ser usada para tirar proveito do mercado.

## Correlação com outras classes de ativos

Baixa correlação com outras classes de ativos, isto é importante para aqueles que estão tentando ter uma carteira diversificada. Quando há turbulência no mercado, seja em commodities, seja em ações, o Forex se destaca. As ações podem dar um mergulho ou os preços das commodities podem explodir, mas o Forex é Forex, ele é movido por outras forças. O FX não é o que você quer ter como 80% de sua carteira, ter apenas alguma exposição a FX é uma coisa prudente.

## Termos Básicos de FX

Posso não o tornar um super trader da noite para o dia, mas ter uma compreensão destes termos facilitará a comunicação na comunidade FX e também a conversa com seus parceiros de trade.

Sua moeda base é sua exposição ao mercado, e a moeda variável é usada para calcular seus lucros e perdas (P/ L). Tomando um exemplo do EUR/USD, o EUR é sua moeda de base. Sua exposição e seu cálculo de margem serão feitos em Euro. O lucro e a perda serão feitos em USD.

Dependendo da moeda base de sua conta, seu P/L será calculado novamente, portanto para este exemplo (EUR/USD) e se você tiver a libra esterlina (GBP) como moeda base, então o lucro e a perda de dólares americanos seriam então convertidos para sua base (GBP).

Termos básicos continuam, temos EUR/USD a 1,5800, o que estamos dizendo é que 1 Euro é equivalente a 1,58 Dólares, ou que o Euro é mais forte que o Dólar americano.

## Spread

Este é um termo que é usado com frequência entre os comerciantes. O spread é a diferença entre o preço de compra e o preço de venda. Se na oferta o preço de venda é 1,5800 e o preço de compra é 1,5802, temos uma diferença de 2 pips. Diremos que o spread é de 2 pips.

## Longo, Curto e Quadrado

## Longo

Você está comprando,

## Curto

Você está vendendo.

## Exemplos

Se você está longo EUR/USD ou longo Euro Dólar como diríamos, então você está longo Euro e vendeu ou curto USD. Se você está curto Euro Dólar, você está curto Euro e longo Dólar.

## Quadrado

Você está fechado. Em termos claros para ajustar uma posição longa de 500.000 EUR/USD você precisa ir curto em 500.000 EUR/USD para remover sua exposição ao mercado.

## Gíria de traders

Isto é um pequeno extra que incluí para aqueles de vocês que estarão negociando FX regularmente.

Primeiro é **Cable (GBP/USD)**, um termo que você ouvirá repetidamente e é a Libra Britânica em relação ao Dólar Americano.

Swissie é o franco suíço (CHF)

Aussie é o dólar australiano (AUD)

Kiwi é o dólar neozelandês (NZD)

Loonie é o dólar canadense (CAD)

## O Número

É 00 no final de um número, portanto, às vezes, enquanto estiver negociando, você pode falar com um trader e ele pode dizer que o Euro Dólar está em "1,33 o número", o que significa 1,3300.

## Stop Out

Todas as suas posições foram fechadas e é algo que você normalmente não quer ouvir.

## OCO

Uma cancela a outra, é normalmente quando se tem um limite e uma ordem de parada conectada, se uma é preenchida a outra é cancelada.

## Preenchido

Agora você tem a posição. Por exemplo, você tem uma ordem de 3 vias que tem o nível de preço de onde você quer entrar no mercado, uma vez que esse nível é alcançado você está agora preenchido.

Um **quarto** é 250,000

Uma **metade** é 500,000

**Um** é um milhão

Como dito, conhecer estes termos tornará mais fácil conversar com seus revendedores ou contrapartes comerciais. Para aqueles que estão pensando em entrar no trade para ganhar a vida, então você definitivamente deve conhecer estes termos.

### Cálculos de Trade de FX

Muitas pessoas colocam o trade de FX, mas a maioria não tem uma compreensão das coisas que estão por trás dele. Antes que alguém entre em negociações de FX é importante que esteja ciente dos componentes da margem, calculando o P/L, e do princípio de rolagem. Vamos rever estas áreas.

### Conscientização das Exigências de Margem

Na maioria das casas de câmbio, os negociadores estão negociando com margem e não estão fazendo negócios FX físicos. O FX físico é onde 1 dólar é igual a 1 dólar em valor. Com a negociação em margem, você pode abrir uma posição de 1 milhão EUR/USD, com uma exigência de margem de 1% que é de 10.000 euros. Outro exemplo, um saldo de 10.000 contas com uma posição de 100.000 precisaria de 1.000 euros para manter a posição aberta.

## Lucro e Perda em Pips

Os pips são a menor mudança de preço que uma taxa de câmbio pode fazer. Usamos o EUR/USD como exemplo, 1,5280 a 1,5281 é um movimento de um pip. Temos USD/CAD 0,9955 ele se move para 0,9956 também um movimento de um pip.

Tomemos um exemplo de lucro e perda em pips: Compre 100.000 EUR/USD a 1,5100, obtenha lucro a 1,5160, 60 pips. Você tem um stop loss a 1,5070, 30 pips, isto é, de sua posição de entrada.

Em termos de pip temos aqui o que se chama uma relação de 2 para 1, quando você compra EUR/USD a 1,5100, tem lucro a 1,5160 e um stop loss a 1,5070.

## Valor do Pip

Há várias maneiras de calcular o valor do pip. Como este é um guia baseado na realidade, usaremos a maneira simples. Vamos usar o exemplo EUR/USD, que é cotado com 4 casas decimais, ex. 1,5100, e um valor nominal (o montante sendo negociado) de 100.000.

Primeiro, conte a quantidade de casas decimais que você tem e neste exemplo é 4. A partir da direita, retire 4 números do valor nominal (100.000) e você obterá o valor de cada pip. Removendo 4 zeros, mostre-nos que cada pip é de 10 dólares. Lembre-se, como cobrimos anteriormente, a moeda de balcão USD é usada para calcular seus lucros e perdas.

Levando isto além, um lucro de 60 pips (60 x 10 USD) lhe dá 600 USD, ou se você teve uma perda de 30 pip (30 x 10) é de 300 USD.

Quando você estiver usando a relação de troca em sua estratégia, deve ser que sua chance de ter lucro seja maior do que a chance de uma perda.

**Rolagem**

Isto é algo que tem dado dores de cabeça aos negociantes de FX por muitos anos, mas não é um conceito complicado. Muita gente pula a rolagem no treinamento, mas vamos tratar disso aqui.

Se você está longo EUR/USD, você está longo no Euro e curto no USD. Você está segurando Euros e ganhará juros sobre eles. Você também está pegando ou indo curto no USD, portanto, você paga juros sobre o que você pega emprestado. A diferença dos juros é positiva ou negativa, que é a sua troca.

Ao contrário, se você está indo curto em EUR/USD, você está curto em Euros e longo em USD. Neste caso, você está pegando emprestado os Euros e agora você está segurando dólares americanos. A diferença de juros é positiva ou negativa, que é o swap.

# INVESTIMENTO
# DE CAPITAL

Analisaremos como o mercado de ações é negociado e analisaremos as coisas que considero importantes ao investir em ações.

## Dividendos

Dividendos são um ótimo lugar para começar. Um dividendo é uma renda para um acionista, além do aumento do valor das ações.

As empresas que oferecem dividendos são normalmente blue chips. Quando você estiver olhando para os componentes que se procura em investimento de capital, este é um deles, lembre-se que este é um investimento de capital, não trade.

As empresas que oferecem dividendos tradicionalmente são bem administradas se não o fossem, não sobraria nada para pagar dividendos. Isto faz delas uma boa alternativa aos títulos para o investidor de baixo risco.

## Níveis de Dívida

A dívida é outro dos fatores a serem levados em consideração ao decidir investir em uma empresa. Você quer procurar o que é chamado de baixa relação entre ativo e passivo circulante. Normalmente, um índice na área de 1 para 3 é bom.

Em alguns casos, porém, o dinheiro demais pode ser negativo. Pode ser um sinal de várias coisas; eles não estão investindo o suficiente no futuro, nada está no caminho do desenvolvimento. O excesso de dinheiro em espécie também pode significar que eles não estão procurando fazer nenhuma compra estratégica. Muitos dizem que é um sinal de que a liderança da empresa não está pensando de forma proativa o suficiente.

Tenha em mente que a relação é relativa ao setor que você está pesquisando, por exemplo, as empresas do setor de tecnologia têm relações de endividamento muito superiores.

**Relação PE - Preço/Lucro**

Isto é o quanto vale uma empresa em uma troca em relação à renda de seus produtos e serviços.

Este é o método mais utilizado para avaliar as ações para ver se elas têm o preço certo. Você ouvirá o termo repetidamente, portanto é importante que você entenda este conceito. Usando um exemplo simples, se uma empresa tem ações avaliadas em 50 milhões e os lucros são de 5 milhões, a relação P/E é de 10. Como discutimos com ativos para passivos, a relação é relativa ao setor que você está pesquisando.

**Diretores de Negociação**

Os diretores são obrigados a divulgar quando negociam ações em suas empresas. Eles são geralmente os mais informados na empresa, portanto pode ser uma pista para eventos futuros, mas mantenha uma mente aberta.

Algumas pessoas dirão que os diretores estão vendendo porque há algo negativo acontecendo na empresa, ou estão comprando porque estão cientes de algo positivo. É um indicador, mas não é 100%, pode ser algo tão mundano quanto eles precisam do dinheiro. Eles podem querer investir em outras coisas ou estão excessivamente expostos à participação daquela empresa em particular e precisam reduzir. Também pode ser devido a um divórcio, portanto nem sempre é um sinal claro de que algo dramático está acontecendo.

**Liquidez e Volume**

A liquidez, como abordamos na seção de câmbio, é igualmente importante no investimento em ações. Eu diria ainda mais importante com o investimento em ações porque, em FX, você tem a oportunidade de entrar ou sair das negociações 24 horas. Com ações físicas, na maioria das vezes, as bolsas estão abertas entre 9h e 17h, dependendo do país.

A liquidez e o volume são importantes porque permitem que você colete seus lucros com facilidade. É ótimo olhar para os lucros no papel, mas se você não for capaz de coletá-los, isso não está lhe fazendo muito bem. Se você está enfrentando uma perda, então pode passar de um cenário triste para um cenário de pesadelo enquanto olha para uma perda crescente e ser incapaz de sair dela, portanto, ter liquidez é crucial.

**Ligue seu radar para OTCBB ou pink sheets:**

Estas são ações de baixa liquidez que são negociadas em bolsas de menor porte, tenha muita cautela com elas. Estas ações não estão normalmente sujeitas à mesma exigência de auditoria que as ações em bolsas maiores e misturadas a com baixa liquidez é uma receita para noites sem dormir.

**Desempenho**

Como é o desempenho de suas ações preferidas em relação a seus pares? No mínimo, você quer que seja igual, a menos que haja alguma razão especial para o baixo desempenho.

**Desempenho ao longo de vários períodos de tempo**

Se você é um investidor de longo prazo, perseguir o vencedor de uma semana normalmente não é uma boa estratégia de investimento. Portanto, selecione ações cujo desempenho reflita de perto o horizonte de tempo de sua estratégia de investimento.

# ORDENS DE 3 VIAS

## Os componentes de uma ordem de 3 vias

Tendo satisfeito suas condições de entrada, sua ordem inicial seria sua ordem de entrada, às vezes chamada de ordem primária, é a ordem usada para entrar no trade.

A seguir é sua ordem de limite, ordem de tomada de lucro, ou como eu chamo, a ordem divertida, é aqui que você está tirando seus lucros do mercado.

Finalmente, temos a ordem de stop loss que é usada para limitar suas perdas. Uma regra de ouro dos traders "sem dinheiro, sem trade", uma ordem de stop loss é muito importante.

## Quais são as vantagens de 3 vias?

### Trade Remoto

As ordens de 3 vias permitem que você faça trade remotamente. Este é um grande benefício para muitas pessoas, porque a maioria de nós está trabalhando ou dirigindo um negócio e não tem tempo para sentar e assistir às negociações minuto a minuto. Com ordens de 3 vias, você pode estar ativo nos mercados sem estar preso à sua mesa ou a relatórios de notícias a cada segundo do dia.

### Disciplina

Ele impõe disciplina ao seu trade porque os parâmetros são definidos antes de você entrar na negociação e este é um ponto tão importante que nós o revisitaremos. Uma coisa é notada como a principal diferença entre aqueles que têm lucro e aqueles que estão perdendo, é ter os parâmetros definidos antes da negociação.

Traders institucionais, pessoas cuja profissão é o trade, estão usando variações destas ordens de 3 vias. Onde terão lucro e onde reduzirão as perdas para preservar o dinheiro, isso é decidido antes de entrar no trade.

**Minimiza a emoção do trade**

Quando os parâmetros são pré-definidos, não deixa espaço para você interferir e começar a reconfigurar tudo no meio do trade. Isto é crucial.

**Relação de trade**

A relação de trade é sua relação de recompensa de risco e é composta de seu nível de entrada, stop loss e uma meta de lucro. A relação de trade também se refere a uma relação de ganho/perda, seja 2 para 1, 3 para 1, etc.

Começamos com uma negociação hipotética. Você tem um preço de entrada comprando EURO/DÓLAR a 1,5550, você tem um stop loss a 1,5525 que está 25 pips abaixo, então você tem uma meta de lucro a 1,5600, isto é 50 pips. Esta combinação lhe dá uma proporção de 2 para 1.

Olhando para uma ordem de 3 vias com uma relação de 3 para 1, você compra EUR/USD a 1,5550, stop loss de 1,5525, 25 pips, e aqui temos uma meta de lucro maior 1,5625. A recompensa do risco é de 3 para 1.

**Apoio e Resistência**

Com níveis de apoio e resistência, estamos chegando ao básico da análise técnica. Não se trata de um capítulo sobre análise técnica, a intenção é dar-lhe a Análise Técnica Prática do que você precisa saber para fazer trades e, esperançosamente, ter lucro.

### Nível de Apoio

O nível de apoio é o preço ao qual o instrumento que está sendo negociado tem tido historicamente dificuldade de cair abaixo. Algumas pessoas o chamam de piso. O que é importante lembrar com o nível de apoio é que ele muda junto com seu prazo. O nível de suporte que você vê para um gráfico de horas será diferente de um que exibe um dia ou uma semana. Portanto, use um nível de suporte e resistência que corresponda ao seu período de tempo de negociação.

### Nível de Resistência

O nível de resistência é o nível de preço onde a moeda ou instrumento que você está negociando tem historicamente tido dificuldades para negociar acima.

O período de tempo do gráfico deve corresponder ao seu horizonte de tempo de trade. A resistência de uma hora é totalmente diferente da resistência de uma semana ou de um mês. Assim como no nível de apoio, os parâmetros devem coincidir.

Para aqueles que gostariam de explorar mais profundamente a análise técnica, tenho outros recursos para os quais posso direcioná-los.

# JUNTANDO TUDO

Nesta seção vamos conectar os diferentes aspectos de um sistema de trade que os comerciantes devem ter.

## Plataforma de Trade

Primeiro, selecionar sua plataforma de trade é obviamente importante porque a plataforma é o veículo que você utiliza para conduzir a negociação. A maioria de nós opera online e é essencial que você esteja usando uma plataforma que corresponda ao seu estilo. Pode ser uma que seja de alta tecnologia ou uma mais básica. Você também deve conhecer o fornecedor por trás da plataforma. Em uma seção posterior, examinaremos mais adiante o processo de seleção de um parceiro de trade.

## Objetivos

Sem objetivos é realmente difícil começar a negociar. A analogia que ouvi e que gosto de usar em relação aos objetivos é que sem um, seria o equivalente a ir até um balcão de passagens aéreas e dizer "me dê uma passagem!". E claro que eles lhe perguntariam "uma passagem para onde?".

As metas de curto prazo poderiam ser metas de lucro diário ou semanais, elas são individualizadas. As metas devem corresponder ao seu estilo e à quantidade de capital de risco disponível para o trade.

Os objetivos de longo prazo estão muitas vezes relacionados à sua estratégia de investimento. Elas também estão relacionadas com suas metas de curto prazo porque as metas de longo prazo devem ser baseadas nas metas de lucro de curto prazo. Deve haver uma comparação, porque se você tem uma meta semanal de 100 dólares e uma meta mensal de 1.000, então há uma discrepância que precisa ser corrigida.

Finalmente, você deve ter um plano de trade, porque sem um plano de trade você está se preparando para perdas potencialmente enormes. Sem um plano, não faz sentido entrar em uma negociação.

**Preparação Mental**

Você precisa estar psicologicamente preparado para o trade. Se você está prestes a negociar e está tenso ou nervoso, então você precisa tirar um tempo de descanso. Vá meditar, faça algum exercício, faça outra coisa, mas é importante que você não negocie até que esteja psicologicamente preparado.

Com o trade você deve ter a mentalidade de não levar as coisas para o lado pessoal. Tire as emoções da negociação, não é uma atividade em que você é contra o mundo. O objetivo é ganhar dinheiro.

**Conheça sua tolerância ao risco**

Quanto você está disposto a arriscar em cada trade? É importante, lembre-se da regra de ouro número um, "sem dinheiro, sem trade". Não importa o que alguém lhe diga, se não há dinheiro, não há trade e isto deve ser levado a sério.

Isto se relaciona com sua tolerância ao risco, por exemplo, tendo um saldo em dinheiro de 10.000 dólares e você quer arriscar 1%, a quantia é de 100 dólares. Isto significa que de seu capital de risco, independentemente do que você estiver negociando, quando você definir seu stop loss não deve exceder 100 dólares.

**Faça sua devida diligência**

Um novo dia começou e seu computador está ligado, o que aconteceu da noite para o dia? O que aconteceu com a Nikkei? Como comerciante, você deve estar atualizado sobre a correlação entre os mercados.

Por exemplo, se você comercializa os mercados asiáticos e vive na Europa ou no Caribe, você deve estar atento às notícias que saíram da noite para o dia e, mais importante ainda, como os mercados reagiram a isso. Às vezes, o que em teoria deveria ser uma boa notícia, os mercados têm uma reação negativa.

Outro exemplo, os comerciantes notaram que se a Nikkei abre negativamente, muitas vezes os mercados da Europa e dos Estados Unidos também abrem negativamente.

O que está saindo hoje? Se é um relatório que pode mover os mercados como Non-farm Payrolls, CPI, etc., então você precisa olhar para suas posições, particularmente se você estiver negociando FX, que é muito sensível.

**Como selecionar seu nível de entrada**

Conhecer seus pontos de entrada significa que você tem uma boa razão para cada trade que executa. Se você não tiver uma boa razão, sugiro que você pegue os fundos e os entregue a uma instituição de caridade. Você deve ter um motivo para selecionar cada trade.

Ao selecionar seu nível de entrada, você precisa de uma boa relação risco-retorno e isto deve corresponder à sua tolerância ao risco.

A análise técnica/fundamental também é levada em consideração. Os níveis de apoio e resistência, lucros da empresa, relatórios governamentais, são todos essenciais antes de você executar qualquer trade.

Se você estiver negociando FX, você quer estar ciente de onde estão as linhas de apoio e resistência para o período de tempo que você está negociando.

**Conheça seus níveis de saída**

Qual é a sua meta de lucro, são cem dólares ou apenas um pouco? Você precisa estar atento a isto.

Quando você estiver definindo paradas para controlar as perdas, a primeira coisa a fazer é garantir que elas estejam dentro de seus parâmetros. Se você estiver negociando com relação, ao estabelecer a relação, ela deve estar em um nível em que você tenha um potencial de lucro maior do que uma perda.

Assim como com seu nível de entrada, você deve conhecer a análise fundamental, os níveis de apoio e resistência, e a outra regra de ouro do trade, "corte suas perdas e deixe os lucros correr". Muitos traders dizem que os lucros cuidam de si mesmos, mas você deve ficar atento às perdas.

## Mantenha um Diário

Pode não ser para todos, mas é algo que eu uso para registrar meus trades. Inclui várias coisas, onde entrei no trade, meu nível de saída e porque achei que o trade era uma boa ideia quando entrei nele.

Ao analisar seu diário, se houver padrões, você começará a detectá-los. Você pode remover um padrão que não está funcionando ou expandir em um que está. Isto o ajuda a afinar seus negócios.

## Análise seus Resultados

Reveja seu lucro ou prejuízo do dia. É importante porque, embora o trade possa ser divertido, é um negócio e o objetivo é ter lucro. Se na revisão de seu P/L não for o que você pretendia, seu dever é descobrir o porquê.

Você precisa saber o que estava por trás de seus resultados. Talvez tenha sido pura sorte, e se foi esse o caso, ótimo, mas a sorte normalmente não é uma estratégia sustentável para o trade. Eu sugeriria, como faço em minhas negociações, revisar seu diário. As negociações foram cronometradas corretamente com um relatório que saiu? Ou era o tamanho das posições? Estes fatores podem influenciar os resultados.

Próximo passo, você está ciente dos comunicados à imprensa de amanhã? Ao analisar os relatórios, você pode ser proativo em relação a futuras negociações. Dependendo dos dados que estão sendo divulgados, você pode querer entrar no mercado mais cedo.

# TÁTICAS DE TRADE

Aqui examinaremos as principais razões pelas quais os traders perdem dinheiro e, o mais importante, exploraremos as soluções.

## Expectativas Surreais

É importante quando se entra no trade, como em muitas coisas, é preciso ter uma ideia realista do que se está lidando. As expectativas surreais podem tomar a forma de alguém que começa com o que às vezes é chamado de uma conta de mini-trader de 1.000 ou talvez 2.000 USD e que espera riqueza da noite para o dia.

Já vi até onde se pode começar com 100 ou 200 dólares, o que é ótimo. Não há nada de errado com o valor, mas aqueles mesmos traders com 100 ou 200 dólares estão esperando ter 1.000 ou 2.000 dólares em suas contas dentro de algumas semanas ou mesmo em alguns dias. Há empresas por aí que realmente mencionaram ou até mesmo prometem que podem fazer isso. Embora eu não esteja dizendo que é impossível, eu estou dizendo que é surreal. É essencial que você tenha um senso de realidade para suas negociações.

## Sem Plano

Nenhum plano, como já discutimos, seria semelhante a chegar ao balcão da companhia aérea e dizer "me dê uma passagem", o que não faz muito sentido. Com o planejamento, seu trade precisa ter um alinhamento de cronograma e dos resultados que você espera receber.

Se você gosta de FX então é uma boa ideia ficar com o FX e construir uma base a partir daí e mais tarde explorar outros instrumentos.

Talvez até mesmo começar a negociar futuros de FX porque uma vez que você tenha uma boa compreensão de FX, então você pode começar a olhar para os seus ramos, por exemplo, nos mercados de futuros.

Se você está familiarizado com a negociação de ações, talvez queira explorar os CFDs (Contratos por Diferença), que são derivativos de ações. Eles são negociados por traders ativos. Mais uma vez, tudo isso é trabalhar com o plano que você deve ter para começar.

**Risco Demais**

Pode ser a pessoa com 100 dólares em sua conta ou mesmo 100.000. Não é a quantia que é fundamental, mas a quantia que você está arriscando em relação aos fundos disponíveis.

Um exemplo simples, se você tem 10.000 dólares em sua conta e está negociando uma posição de 100.000 EUR/USD, cada pip é de 10 dólares. Isto não é muito, o que é bom dependendo de seu perfil de risco. Se você então mudar para negociar uma posição de 1.000.000 dólares, cada pip agora vale 100 dólares. Se você tiver 10.000 dólares em sua conta e estiver longo, um movimento de 10 pip mais baixo o deixa automaticamente com uma perda de 1.000 dólares.

## Confundindo Trade com Investimento

Em meus anos como banqueiro, tive inúmeros clientes a quem tive que apontar repetidamente que eles não deveriam confundir os dois. Trade é fazer dinheiro, é atividade geradora de renda. Você está entrando e saindo de negócios, ao contrário de investir, que é mais a longo prazo. Pode ser que alguns de seus objetivos de investimento sejam derivados de seu trade, mas não os confunda.

Os instrumentos que você está negociando, por exemplo, FX que está ativo, você não está investindo que você está negociando e, espera-se, está ganhando renda. Outro exemplo poderia ser CFDs.

Pode parecer básico para alguns, mas falando por experiência em aconselhar clientes globalmente, ainda há muitos por aí que confundem trade e investimento.

## Soluções

É bom falar sobre problemas e desafios, mas obviamente precisamos ter algumas soluções.

## Baixa Alavancagem

Discutimos os problemas com riscos demais, a solução está em usar baixa alavancagem. Você planeja abrir uma posição de 100.000 dólares em EUR/USD onde cada pip vale 10 dólares, se você não estiver 100% seguro desta negociação, você pode querer começar com 50.000. Você mantém a alavancagem baixa porque lhe dá tempo para pensar, para reagir mais efetivamente, e você não é tão sensível às mudanças no mercado.

## Escala Para Cima e Para Baixo

A escalada para cima e para baixo é uma das minhas favoritas. Eu a utilizo com investimentos e também com meus trades. Escala para cima e para baixo, a teoria por trás disso é que você permite que o mercado lhe diga qual caminho seguir, é tão simples quanto isso.

Um exemplo, planejo comprar 1.000 ações da GCMS depois de ter feito minha análise técnica e fundamental. Como começar? Eu começaria com uma posição de 200 ou 250 ações e permitiria ao mercado confirmar se estou no caminho certo. Se eu comprasse ações da GCMS a 100 dólares e elas subitamente saltassem para 125 por ação, ótimo, o mercado está confirmando que eu tomei a decisão correta. Neste exemplo, se eu começasse com 200 ações, eu adicionaria outras 200 ou 250 e repetiria o processo até atingir minha meta de 1.000 ações.

Há alguns que podem dizer que eu perdi um pouco no movimento de 100 para 125 e eu perdi sim, de certa maneira, mas também estou mais seguro em minha decisão por ser paciente. Ao contrário, voltando à escala, digamos que se o mercado tivesse se movido contra mim, em vez de ter 1.000 ações em risco inicialmente, teriam sido apenas 200. Obviamente, há uma troca, mas, por experiência, é vantajoso para aqueles que estão utilizando este método.

Outro exemplo, digamos que você comprou 200 ações a 100 dólares cada e o preço cai repentinamente para 90. O que eu sugeriria, em vez de vender tudo imediatamente, que você considere vender apenas 50 ou 75 porque a queda poderia ser devido a uma reação exagerada no mercado. Há várias coisas que poderiam estar em jogo, por exemplo, um falso rumor, mais uma vez você está permitindo que o mercado o guie pelo caminho correto. É claro que se o preço continuar a cair, então você vende mais. Outra maneira de olhar para isso, usando a analogia de dirigir na rodovia, se você tem um longo caminho reto você acelera, e se você tem um monte de curvas você desacelera, parece funcionar.

**Faça Trade em Mercados com Liquidez**

Fazer trade em mercados líquidos é algo que eu não posso enfatizar o bastante. Há pessoas no mercado de ações que negociam no Mercado de Balcão (OTCBB) ou outras ações pouco negociadas e em câmbio são moedas exóticas (muitas vezes de baixa liquidez) o que é bom, desde que você esteja ciente do risco. A liquidez é crítica especialmente como trader, como um investidor não é tão sensível ao tempo, mas se você estiver negociando onde precisa fazer movimentos bruscos, você quer estar em um mercado com liquidez.

Liquidez, para ser muito claro, é a capacidade de entrar e sair do trade com facilidade. Estar em um trade e ter lucros no papel é maravilhoso, mas quando é hora de converter os lucros no papel e se você não for capaz de fazê-lo, então é uma piada ruim, pois você só pode observá-los, não muito agradável. Por outro lado, se você estiver em situação de perda e não conseguir sair dessa posição, isso se transforma em um pesadelo. Não me importa quem está dando dicas, ou qualquer que seja o blog que você esteja lendo, você deve negociar em mercados com alta liquidez, não há outra maneira.

**Trade com Notícias**

Isto é para os traders de notícias e se você estiver pensando em negociar sobre números (quando os dados de mercado estiverem sendo divulgados) pense novamente.

Existem diferentes sistemas que estes traders usam para negociar sobre números numa tentativa de serem mais inteligentes do que os bancos, tudo o que posso dizer é que é uma tática que eu não sugeriria. Em primeiro lugar, os bancos não são estúpidos, eles sabem quem são seus clientes e têm departamentos criados para monitorar este tipo de atividade para garantir que não estejam sendo enganados.

Se você quiser negociar em números, esteja ciente de que o preço onde seu pedido pode ser preenchido ou executado pode ser muito diferente do que você tinha em mente. Para aqueles que negociam com fornecedores que garantem preços, eu apostaria que 9,99 em cada 10 têm uma cláusula com letras miúdas que declara que a garantia só é válida sob condições normais de mercado. O que significa que sobre números o preço que você vê pode não ser o que você vai receber.

**Selecionando Pares de Moedas**

No FX, selecione alguns pares e conheça-os como um amigo próximo. Muitas pessoas começam no FX negociando as maiores, EUR/USD, GBP/USD, USD/CAD, USD/JPY, ou AUD/USD, por exemplo. Das maiores, conheça bem algumas delas se é EUR/SEK, para aqueles no mercado escandinavo ou EUR/JPY para aqueles no resto da Europa.

Pessoalmente, eu negocio apenas três ou quatro para a maior parte. Depois de algum tempo, quando você começar a negociar estes pares de moedas, eles se tornarão familiares e você terá uma noção mais profunda de como eles se movimentam.

## Outras Táticas

Em CFDs ou ações, atualizações da empresa, avisos de lucro são boas oportunidades, o que significa que os preços tendem a ir na direção do anúncio. Portanto, se eles anunciarem um upgrade, as chances são de que os preços subam. E o outro lado, pelo menos estatisticamente, quando as empresas anunciam avisos de lucros, os preços tendem a cair. No entanto, muitas vezes até o final do trimestre, essas mesmas empresas superam as estimativas mais baixas que haviam anunciado, o que leva a um aumento das ações. Assim, para os ousados, é possível comprar após a queda inicial do preço a partir do anúncio. Isto pode ser seu trade de loteria.

## Fazendo Ordens Estrategicamente

Você quer ser o primeiro na fila ao preencher suas ordens, e colocar limites de ordens antes que a resistência seja efetiva, porque os níveis de resistência já são conhecidos por todos. Você quer ser preenchido antes de atingir a resistência se você for um trader técnico e em apoio você quer estar um pouco acima ou um pouco abaixo do nível de apoio se estiver longo, apenas para ter certeza de que não foi uma falsa quebra para o lado negativo.

## Use os Princípios de Delta

O trade delta ou os princípios do trade delta já existem há muitos anos. Começou com um grupo seleto de pessoas que eram chamadas de Sociedade Delta. Eles pagaram muito dinheiro para aderir e aprender os princípios, que tinham sido cobertos de mistério e mística.

Os princípios principais são que quando alguém está negociando (não investindo), que você vê o mercado quase através dos olhos de uma criança. As ações que estão subindo continuarão a subir, portanto você as compra, e as que estão descendo continuarão a descer. Nada é comprado em excesso ou vendido em excesso, você simplesmente vai junto com o mercado.

Há algumas ferramentas que são necessárias para executar a estratégia. Em primeiro lugar, é necessário negociar ações ativas que não são aplicáveis à estratégia. Você também deve usar um filtro de ações que é uma ótima ferramenta, e a maioria é gratuita.

Os filtros ajudam a localizar com eficiência as ações que estão subindo e as que estão descendo. O que eu vi que funciona melhor quando se usa filtros é encontrar os vencedores nos diferentes períodos de tempo.

Um exemplo seria a primeira filtragem para os vencedores de três meses. Depois filtrar mais profundamente para encontrar os vencedores de um mês, e finalmente olhar para os vencedores de uma semana. Este processo de filtragem permite que você veja quais ações estão consistentemente ganhando ao longo do tempo. Estas são ações que as pessoas querem. Armado com estes dados, você tem uma base melhor para selecionar as ações a serem compradas para sua carteira de trade.

Esta é uma técnica de trade, não de investimento, pois os vencedores de uma semana ou um mês podem não ser as ações que você deseja para sua carteira de investimentos de longo prazo. Apenas usando os princípios de filtrar os vencedores de 3, 1 mês ou 1 semana, você está à frente de muitos. Dependendo da agressividade de seu estilo de negociação, você pode alterar os prazos de acordo com seu gosto. É uma técnica que tenho usado com resultados fortes.

Para concluir, os traders mais bem sucedidos utilizam um sistema. Eles têm um conjunto de entrada, saída, tamanho da posição, e vão escalar para cima ou para baixo. Como dissemos no início, é preciso ter um plano, é o que separa os profissionais dos apostadores.

# SELECIONANDO UM PARCEIRO DE TRADE

Analisaremos os aspectos importantes da seleção de um parceiro de trade.

## O Que é Importante?

### Liquidez

A liquidez em todos os momentos, especialmente em períodos de volatilidade, como discutimos nas seções anteriores, é tão importante que a mencionamos novamente. Seu parceiro de trade deve ser capaz de lhe fornecer isso.

É importante para os instrumentos que você está negociando, seja FX ou ações. Os cruzamentos FX são líquidos, mas você também precisa estar com um parceiro que tenha acesso a essa liquidez ou então você pode estar na situação de piada ruim onde você tem um lucro, mas não consegue coletá-lo.

### Execução Rápida

Execução rápida, para que quando você clica, você receba o preço indicado. A liquidez é um fator chave na velocidade de execução.

### Confiável

Como em qualquer tipo de relacionamento, você quer estar com um parceiro de trade que tenha boa reputação e seja conhecido por ser confiável e ter uma base financeira sólida. Você não quer negociar com alguém que está em risco de desabar. É encorajado receber uma recomendação de um amigo de confiança.

## Plataforma confiável

Sua plataforma precisa ser confiável. Não é ideal ter uma plataforma que muitas vezes está fora do ar quando você está pronto para negociar ou que possui muitos problemas técnicos.

Ao negociar em condições normais de mercado e se você estiver frequentemente recebendo preços cotados de novo, isso é uma bandeira vermelha.

## Acesso a notícias e dados de mercado

Sua plataforma ou parceiro de trade deve ter acesso a notícias ou ao que às vezes é chamado de transmissão de notícias das diferentes agências de notícias para por exemplo a Reuters, Bloomberg. Você também quer ter acesso à sua mesa de criação de mercado. Se eles não tiverem uma, devem ser capazes de lhe fornecer dados de fluxo de mercado, por exemplo, se os traders estão atualmente longos em EUR/USD ou se parece haver um movimento em USD/JPY. Isto é importante, em particular quando se negocia Forex.

## Excelente equipe de estratégia

Nenhuma equipe de estratégia é perfeita, mas você quer uma que seja confiável e em que você confie que está lhe dando uma análise imparcial do mercado. Como com os outros tópicos, você quer falar com amigos para obter suas opiniões sobre as recomendações das equipes de estratégia com as quais eles lidam.

## Sistema Confiável de Gráficos

Temos um ditado que diz que os gráficos são apenas para "fins indicativos", eles não são o mercado, mas você quer gráficos que deem uma boa ideia de onde o mercado está. Outro fator, dependendo do sistema de gráficos, o gráfico somente refletirá a oferta (preço de venda).

Em meus anos de trabalho em uma mesa de negociações, tive inúmeras discussões com clientes após um "mau preenchimento" (jargão de negociação, pois sua negociação foi executada a um preço pior do que você esperava). Nestas disputas, os clientes olhariam para o gráfico e diriam "mas o gráfico diz isto, e é isto que eu quero obter", ponto muito importante, o gráfico é indicativo de que o gráfico não é o mercado.

Qualquer corretora com quem você lida, você quer que eles negociem no local onde está o mercado e não no gráfico. As melhores palavras de conselho ao lidar com um negociante profissional ou corretor institucional sobre uma disputa comercial, é que você discuta o preço de mercado e fique longe do que o gráfico diz. Se eles são profissionais, a primeira coisa que eles irão mencionar a você é onde o mercado estava e não onde o gráfico estava, porque as pessoas negociam os mercados e não os gráficos.

## Como você encontra os bons?

Fale com amigos que estão negociando e, é claro, você pode entrar em contato comigo.

## Código de Trade de Notícias Forex

1- Somente ordens - somente no mercado quando houver movimento perceptível. Isto me permite evitar mercados sem tendência (perdedor de dinheiro, apenas o corretor ganha dinheiro aqui).
2- Ter ordens de compra ou venda de stop entry 10-20 pips acima de onde estamos negociando significa que eu não entro a menos que haja um movimento real no mercado (evito falsas quebras e falsificações no mercado desta forma). Sim, estou ciente de que perderei parte do movimento inicial do mercado, mas isto é compensado por NÃO ser sugado por falsas quebras.
3- Não negocie com tanta frequência quanto outros, mas quando eu faço isso, há movimento. As perdas são definidas por stop loss (antes do comércio)
4- A parada de perda mais importante fixada no máximo em 12-15 pips. Veja o ponto abaixo.

Trade é um **negócio = gerenciamento de dinheiro**, não um jogo bobo sobre se você está "certo ou errado" apenas ganha ou perde dinheiro.

# TECH ANALYSIS TRADE GUIDE

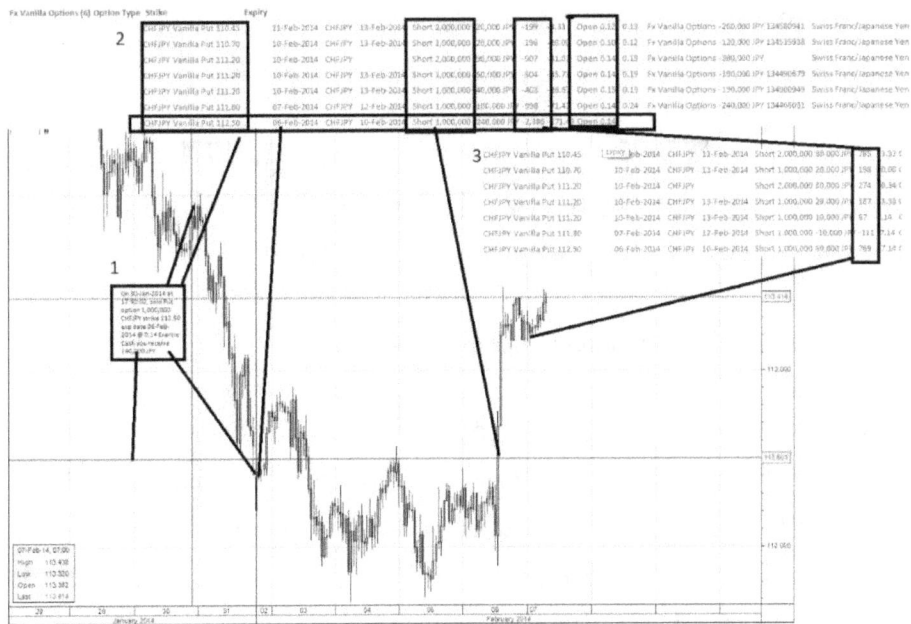

## Quadro de Tempo

Prazo, o fator mais crítico de uma decisão comercial. A decisão de comprar ou vender sempre começa com o prazo. Um sinal para comprar ou vender para um comerciante de dia é diferente de um comerciante de balanço e, na maioria dos casos, extremamente diferente de um comerciante/investidor de longo prazo. Os exemplos que usaremos são baseados em prazos de negociação de curto prazo/dia.

**Day trade** – Posições de fechamento dentro de 24 horas

**Swing trade** – Mantendo negócios abertos de algumas horas a alguns dias, no máximo

Para traders de curto prazo, um gráfico de 1 hora é bom para obter uma visão geral do mercado e, em seguida, tomar a decisão de negociar fora do gráfico de 30 ou 15 minutos. Quanto mais curto for seu horizonte de tempo de negociação, mais curto será o período de tempo do gráfico.

Para usar as configurações acima, é recomendável que você crie gráficos de diferentes períodos de tempo e os deixe abertos em sua plataforma de negociação. Isto tornará mais eficiente a negociação.

**Horário e sua localização no canal comprar – vender**

Uma vez estabelecido o prazo, você precisa localizar onde você está no canal de comércio (o canal de comércio é a área entre as faixas alta e baixa das Bandas Bollinger). Se você estiver perto do topo do canal que indica que você está próximo a um nível de reversão potencial (onde o mercado gira/ inverte), exemplo, se estiver subindo, ele de repente desce. Se estiver na parte inferior e o mercado se dirigir para cima, é também um nível de inversão.

**O que fazer em níveis de inversão**

É aqui que a negociação se torna um pouco complicada. Só porque estamos em um nível de reversão ou perto dele, não há garantia de que ele se reverterá. Poderíamos também obter uma ruptura (o mercado está indo acima/abaixo dos níveis de resistência ou suporte conhecidos). Uma dica para descobrir o que fazer a seguir é simplesmente rever o gráfico para movimentos passados do mercado (subiu ou desceu) no nível de preço que você está procurando para ver o que aconteceu no mercado na última vez. Isto é importante porque a "pessoa" central aqui é o mercado e não você).

Por exemplo, se o mercado descer, há uma boa chance de que ele faça isso novamente. Entretanto, isto NÃO é uma garantia, e você também precisa estar ciente de dados fundamentais (relatório de notícias, dados econômicos), pois isto poderia afastar tudo do resultado da última vez.

Se você ainda não tem uma posição aberta, e o mercado está em um nível de reversão potencial, uma maneira de comercializá-lo é estabelecendo uma ordem de compra acima do nível de reversão. Portanto, se o mercado conseguir a inversão, então você está dentro. A ordem de compra também faz parte de sua gestão de risco porque só há dinheiro em cima da mesa se ela for executada e se tornar uma negociação.

Após descobrir onde você está no canal de compra/venda, você agora quer prestar atenção ao RSI e ao que ele está lhe dizendo. Você precisa ter uma correspondência entre isso e sua execução comercial. Portanto, se o RSI estiver nos níveis de compra excessiva e você estiver perto dos níveis de reversão nas Bandas de Bollinger, então é um sinal de uma boa oportunidade de venda potencial.

**Sinais de compra ideais**

Idealmente em um sinal de compra você quer que seu RSI esteja subindo de ou perto dos níveis 30-40, dando bom espaço/oportunidade para subir. Ao mesmo tempo, você também quer que o mercado esteja localizado/operando perto da parte inferior do canal nas Bandas de Bollinger.

Finalmente, se usar os gráficos de velas, você vai querer que eles sejam verdes (preços fechando). Como você pode ver, precisamos ver os mesmos dados (para cima) de nossas ferramentas. Olhando para os bastões de vela vermelhos (preços fechando mais baixo) e os níveis de RSI sobre-compra (compra excessiva) é um sinal misto. Isto lhe diz para "ficar de lado"... não negociar até que as coisas fiquem mais claras.

**Sinais de venda ideais**

Um sinal de venda ideal é simplesmente o oposto do acima mencionado. Em outras palavras, seu RSI descerá dos níveis 70-80. Ao mesmo tempo, você também quer que o mercado esteja localizado/operando próximo ao topo do canal nas Bandas de Bollinger. Finalmente, se usar os gráficos de velas, você vai querer que eles fiquem vermelhos (preços fechando).

## Finalizando

O ideal é executar um trade a partir do momento em que as coisas estejam o mais próximo possível do ideal. Quando confrontado com áreas cinzentas/não decididas, sugerimos que você use ordens de compra ou venda. As ordens NÃO são negociações, portanto nenhum dinheiro está em risco até que sejam executadas. Estas ordens serão colocadas perto dos níveis ideais a partir dos quais você está procurando negociar.

Como já enfatizamos várias vezes, cenário ideal de negociação ou não, você sempre coloca uma ordem de parada. Infelizmente, mesmo a melhor pesquisa do mundo não é garantia de uma negociação lucrativa.

### Ajustes para as ferramentas de análise técnica

### RSI

Um RSI, o padrão de 14 é suficiente para a maioria das operações de FX, CFD, trade de ativos. No entanto, com um dia de negociação de prazo mais curto ou um swing, o 14 não é o ideal. Sugerimos 7 para swing trade e até 4 para negociações de dia.

## Bandas de Bollinger

A configuração padrão parece funcionar melhor para a maioria dos traders e sugerimos que você mantenha esta configuração.

## Médias Móveis

Usamos 50, 100, 200. O 50 é o sinal de alerta, 100 é o curto prazo e 200 é o longo prazo.

# DIPLOMA DE TRADE GCMS

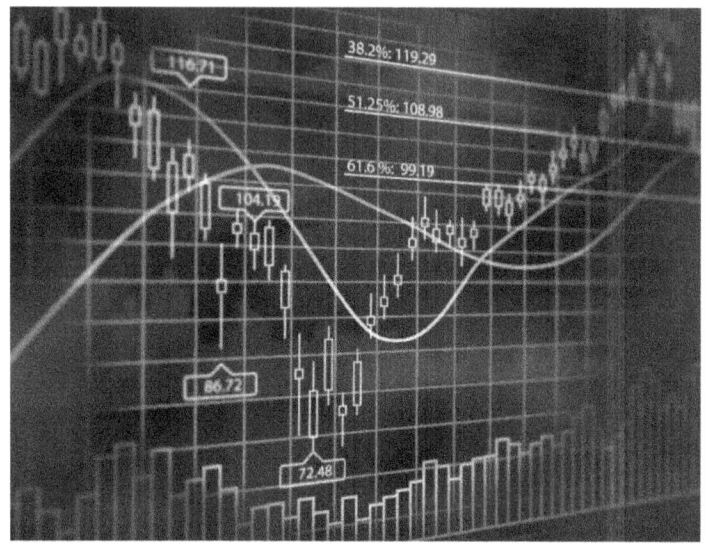

Básico de um Sistema de Trade

-Quadro de Tempo

-Ferramenta que identifica uma tendência

-Ferramentas que ajudam a confirmar/filtrar a tendência

-Estabelecer sua tolerância ao risco (dimensionamento de posição)

-Selecionar níveis de entrada/saída

-Seguir suas regras

Nota:

Fazer sua lição de casa não garante que seu trade seja lucrativo, mas aumenta suas chances.

Se os dados técnicos ou fundamentais não forem claros ou "confusos", você tem o direito de não negociar.

# PERFIL DO AUTOR

**Wayne Walker** é o Diretor de uma empresa global de educação e consultoria de mercados de capitais (gcmsonline.info). Ele possui vários anos de experiência em liderar e treinar equipes de Consultores de Investimento e gerenciou equipes de alto desempenho no Grupo de Clientes Privados com base no Bench Mark Earnings (BME). O Sr. Walker treinou traders do programa Citi-FX Pro em Londres. Ele também desenvolveu o programa 'Trading Rights' no Saxo Bank pelo qual os Consultores de Investimento eram obrigados a concluir antes de serem autorizados a negociar. Ele é um trader certificado pela Markets in Financial Instrument Directive (MiFID) EU e está qualificado para assessorar clientes "A".

O Sr. Walker é um comentarista frequentemente convidado do mercado de capitais em vários programas internacionais ao vivo de TV e rádio.

O Sr. Walker possui várias certificações e já trabalhou nas seguintes posições:

- Diretor-Fundador, (GCMS) Global Capital Market Solutions, Dinamarca
- Gerente de Vendas, América do Norte e Oriente Médio, Saxo Bank, Dinamarca
- B.sc State University of New York, Faculdade em Buffalo, EUA
- NASD Série 3 - Licença para negociar e aconselhar sobre contratos futuros no mercado dos EUA
- Certificado de Negociação ACI (Financial Markets) - Concluído com Distinção (nível mais alto), França
- Treinado no software de cotação de FX da Bloomberg & UBS Bank

www.ingramcontent.com/pod-product-compliance
Lightning Source LLC
Chambersburg PA
CBHW070848220526
45466CB00005B/1932